## 주제

**관점**
삶을 새롭게 바라보는 힘 기르기

**경이로움**
삶의 아름다움과 신비로움에 깨어나기

**풍요로움**
삶의 충분함을 알아차리고 음미하기

**연결**
우리가 서로 연결되어 상호의존한다는 것을 존중하고 보살피기

**치유**
우리 자신, 서로 그리고 세상을 회복하기

# Themes

**Perspective**
Enhancing the capacity to see life anew

**Wonder**
Awakening to the beauty and magic of life

**Sufficiency**
Noticing and savoring life's abundance

**Connection**
Honoring and nuturing our interdependence

**Healing**
Restoring ourselves, one another, and the world

비폭력대화

# 감사카드
## GRATITUDE CARDS

・・・ 감사하는 삶에 영감을 주는 질문 카드 ・・・

"It's not happiness that makes us grateful;
it's gratefulness that makes us happy."

**Br. David Steindl-Rast**
*A Network for Grateful Living*

"행복이 우리를 감사하게 만드는 것이 아니라
감사가 우리를 행복하게 만듭니다."

**데이비드 스타인들-라스트 수사**
*감사하는 삶을 위한 네트워크*

# Table of Contents

# 목차

## About These Cards

Gratitude Cards offer 100+ prompts, organized into five categories (see reverse), that deepen awareness of life's abundance and open you to the joy and transformative possibilities of gratefulness.

Each card has two questions: a warm-up (white background) and a deeper question (color background). Keep in mind that a question that feels light to one person may feel deep to another.

## 감사카드에 대하여

감사 카드에는 다섯 범주로 구성된 100여 개의 질문이 있습니다. 그 질문은 삶의 풍요로움을 깊이 의식하게 하고, 우리의 마음이 감사의 기쁨과 변화의 가능성에 열리게 합니다.

카드마다 질문 두 개가 있는데 흰색 바탕의 준비 질문으로 시작해서 빛깔이 있는 깊은 질문으로 이어집니다. 어떤 사람에게는 가볍게 느껴지는 질문이 다른 사람에게는 깊게 느껴질 수 있음을 기억합니다.

## Themes

Perspective – Enhancing the capacity to see life anew

Wonder – Awakening to the beauty and magic of life

Sufficiency – Noticing and savoring life's abundance

Connection – Honoring and nuturing our interdependence

Healing – Restoring ourselves, one another, and the world

# 주제

관점 – 삶을 새롭게 바라보는 힘 기르기

경이로움 – 삶의 아름다움과 신비로움에 깨어나기

풍요로움 – 삶의 충분함을 알아차리고 음미하기

연결 – 우리가 서로 연결되어 상호의존한다는 것을
　　　 존중하고 보살피기

치유 – 우리 자신, 서로 그리고 세상을 회복하기

## Gameplay Options

### Campfire
Whether around the fire, at the dinner table, or virtually, a volunteer picks a card, reads a question, and invites each person to share a reflection, concluding with their own.

### Deepening Connection
With one other person — spouse, partner, child, parent, or friend — commit to exploring one question daily as a way to deepen your connection. You'll have a greater understanding of one another by the time you reach the last card.

# 게임 옵션

### 캠프파이어
불 주변에 둥글게 모여 앉거나 저녁 식탁에서 또는 온라인에서 지원자 한 사람이 카드 한 장을 뽑아 질문을 읽습니다. 한 사람씩 생각을 표현하도록 초대한 다음, 자기 자신의 생각을 나누는 것으로 마무리합니다.

### 연결 깊이 하기
배우자, 파트너, 자녀, 부모, 친구 등 한 사람과 매일 질문 하나를 다루어 봅니다. 마지막 카드에 이를 때 서로를 더 많이 이해하여, 깊은 연결을 경험하게 될 것입니다.

## Potluck

Lay the cards across a table faceup. Everyone picks one card. The last person to pick a card reads one of their questions and answers it. The person to their left can either answer the same question or one from the card they chose. Continue until everyone has answered one question.

## 21-Day Challenge

Count our 21 cards from the deck and place them in the spot where you like to journal. Pull one card from the deck each day and journal your response.

**포틀락**

테이블 위에 질문이 보이도록 모든 카드를 올려놓습니다. 모두 카드 한 장을 고릅니다. 마지막으로 카드를 고른 사람이 두 개의 질문 중 하나를 읽고 그것에 답합니다. 그 왼쪽에 있는 사람은 같은 질문에 답하거나 또는 자기가 고른 카드에 있는 질문 중의 하나에 답할 수 있습니다. 모든 사람이 할 때까지 계속합니다.


**21일 챌린지**

전체 카드에서 21장을 골라서 일기를 쓰는 곳에 두고 매일 카드 하나를 뽑아 대답을 일기에 적습니다.

## Tips for Asking Questions

1 – Allow others to respond to questions at their own speed.

2 – Provide a safe space for people sharing feelings and experiences by giving them your undivided attention and listening with openness and patience.

3 – Instead of giving praise or critical feedback, acknowledge responses with gratitude or follow-up questions like, "Is there more you want to share about that?" or "How'd that make your feel?"

# 질문 팁

1 – 참여자들은 각자 자신의 속도로 질문에 답하게 합니다.

2 – 느낌과 경험을 안전하게 나눌 수 있는 공간을 만들기 위해서, 진행자는 온전히 주의를 기울이고 열린 마음 으로 듣습니다.

3 – 참여자는 대답을 듣고 칭찬하거나 비판하는 피드백 을 주는 대신 감사나 이어지는 질문을 합니다. 질문 은 "그것에 대해 더 나누고 싶은 얘기가 있나요?", "지금 느낌이 어떠세요?" 또는 "어떤 것이 중요하세 요?"와 같은 것입니다.

# Tips for Answering Questions

1 – There are no "right" or "wrong" answers to any of these questions.

2 – Take your time and think about a question before answering.

3 – If a question sparks a response to a slightly different but related question, allow yourself to follow that thread!

# 대답 팁

1 – 모든 질문에 맞고 틀린 답은 없습니다.

2 – 시간을 충분히 갖고 질문에 대해 생각해본 후에 답을 합니다.

3 – 약간 다른 생각이 떠오르더라도 원래 질문과 관련이 있다면 그 생각을 표현해보세요.

## Deepen Your Gratitude Practice

Discover the transformative power of living gratefully by
trying our free 7-day gratitude journaling challenge.

## 감사를 더 깊이 하기

감사 일기를 쓰면서 찾아오는 변화의 힘을
경험해보세요.

"Grateful living gives our hearts wide wings
and stamina for the journey."

## Kristi Nelson

Author, Wake Up Grateful

"감사하며 살 때, 우리 마음에는 비행을 위한
넓은 날개와 힘이 생깁니다."

Kristi Nelson 『감사로 깨어나기』

Want to be happy? Be grateful
**David Steindl-Rast**

https://youtu.be/UtBsl3j0YRQ

행복하고 싶으세요? 감사하세요.
**데이비드 스타인들-라스트**

https://youtu.be/UtBsl3j0YRQ

# 비폭력적인 삶에서 감사의 중요성

무엇이든지 더 있어야만 한다는
결핍의 태도로 삶을 살 때
우리는 불안해지고, 미래에 대한 두려움에서
무자비하게 경쟁을 하고
폭력적으로 착취하는 것을 정당화합니다.
그렇게 자칼 사회는 계속 유지됩니다.

그러나

우리가 무엇인가를 감사할 때
우리는 불안하지 않습니다.
우리가 무엇인가를 감사할 때 우리는 두렵지 않습니다.
우리가 감사할 때는 폭력적이지 않습니다.

아무리 검소한 식탁이라도 감사한 마음으로 대할 때,
우리 마음은 풍성하고 행복합니다.

- 캐서린 한 -

# NVC(비폭력대화)란?

비폭력대화(NVC, Nonviolent Communication)는 연민의 대화Compassionate Communication, 삶의 언어Language of Life라고 부르기도 합니다.
여기서 말하는 비폭력이란 간디의 아힘사ahimsa 정신으로, 우리 마음 안에서 폭력이 가라앉고 우리의 본성인 연민으로 돌아갔을 때의 자연스러운 상태를 말합니다. 비폭력 대화는 우리 자신을 더 깊이 이해하고 다른 사람과 유대관계를 맺는 데 도움이 되는 구체적인 대화 방법입니다.

마셜 로젠버그

Marshall B. Rosenberg (1934–2015)

- NVC 창시자, 임상심리학 박사, 평화운동가
- 1960년대 인종차별폐지법이 시행될 때 일어난 여러 가지 갈등 해소를 위한 미국 연방정부의 프로젝트를 계기로 NVC를 개발하여 보급하기 시작함
- 1984년 CNVC(Center for Nonviolent Communication) 설립
- 세계 여러 곳에서 NVC 훈련을 제공하고 분쟁 지역에서 중재자로 활동

로젠버그는 "인간의 본성은 서로의 삶에 기여할 때 기쁨을 느끼는 것"이라고 믿으면서 두 가지 문제를 깊이 생각하기 시작했습니다.

첫째, 왜 우리들은 이 본성을 잃고 서로에게 폭력을 쓰면서 살게 되었는가?

둘째, 그런 반면에 어떤 사람들은 어려운 상황에서도 어떻게 자기 본연의 인간성을 잃지 않으면서 다른 사람들

에 대한 연민을 유지하고 있는가?

이 두 가지를 연구하는 동안에 로젠버그는 우리가 대화할 때 쓰는 말과 말하는 방법이 얼마나 중요한 역할을 하는가를 깨달았습니다. 구체적이고 명확한 이 대화 방법은 여기에서 나온 것입니다. NVC는 새로운 것이라기보다는 우리의 본래 모습을 우리 자신에게 상기시켜 주려는 것입니다.

로젠버그는 칼 로저스Carl Rogers, 마르틴 부버Martin Buber, 장자, 간디Gandhi, 마틴 루서 킹Martin Luther King 등으로부터 많은 영향을 받았습니다.

# 감사의 힘

모든 영적 가르침은 사랑, 용서, 감사를 중요하게 여기고 삶 속에서 실천하고자 합니다. 비폭력대화(NVC)에서도 그렇습니다. 이 감사카드는 일상에서 특히 감사의 의미를 더 깊게 음미하고, 감사를 삶의 태도로 삼는 데 기여하고 싶은 마음으로 만들었습니다.

감사의 힘은 자주 표현할수록 길러집니다. 매일이 아니어도 괜찮습니다. 잠들기 전이나 아침에 시간을 정해 혼자서 감사카드를 살펴볼 수도 있고, 모임이나 회의를 마칠 때 함께 감사카드 질문으로 마무리할 수도 있습니다.

걱정이나 분한 마음에서, 또는 눈앞의 문제가 너무 큰 것 같아, 어떻게 할 줄 몰라 주저앉고 싶을 때, 하지만 힘과 지혜가 더 필요할 때, 감사카드를 사용해 보십시오. 어느 순간 몸이 이완되고 마음이 편안해지면서 문제 해결의 실마리가 보일지도 모릅니다.

어려운 상황에서는 감사할 생각이 나지 않습니다. 그래서 감사의 힘을 길러야 합니다. 우리 몸의 근육처럼 감사하는 힘도 반복을 통해 길어집니다. 마음에 감사하는 힘이 있다면 절망적인 상황에서도 그 상황을 헤쳐 나아갈 힘을 얻게 됩니다. 우리 모두의 내면에는 그런 힘이 있습니다. 가슴이 따뜻해지는 감사의 의식으로 더 많은 시간을 보낼 때 우리의 따뜻한 에너지는 맑은 공기처럼 주위로 퍼져나갑니다.

이 감사카드가 그 힘을 기르는 데 기여할 수 있기를 희망합니다.

# 감사 표현하기

감사를 떠올리는 것에는 여러 가지 혜택이 있습니다. 감사에서 오는 긍정적인 태도는 몸과 정신 건강, 유연한 인간관계에 도움이 되고, 비교를 덜하게 되어 스트레스도 줄어듭니다. 이외에도 자기 전에 감사는 불안이나 분노에서 오는 몸과 마음의 긴장을 풀어 주어 잠에도 도움이 됩니다.

감사를 떠올리는 데 그치지 않고 밖으로 표현하면 감사의 힘이 증폭됩니다. 그래서 비폭력대화(NVC)는 감사를 표현할 때 다음의 요소를 포함하길 권합니다. 말하는 사람은 자기 마음을 표현해 즐겁고, 듣는 사람은 자신의 행동이 상대에게 어떻게 기여했는지 알게 되어 보다 편안하고 즐겁게 감사를 들을 수 있습니다.

## [상대에게 감사하기]

첫째, 내 삶을 풍요롭게 해 준 상대방의 말이나 행동
(있는 그대로 관찰하기)

둘째, 그 말이나 행동으로 충족된 나의 욕구Need
(p.35 참고)

셋째, 위의 관찰과 욕구를 생각할 때 나의 느낌
(p.34 참고)


감사를 표현할 때는 위와 같은 요소들을 포함하면 두 사람 사이에 순수하고 편안한 축하가 될 수 있습니다.

## [나에게 감사하기]

첫째, 나 자신의 어떤 면(성향이나 기질quality)을
감사하는가?

둘째, 위의 성향이나 기질이 나의 어떤 구체적인
행동이나 말로 나타났는가? (있는 그대로 관찰하기)

셋째, 위의 행동으로 나의 어떤 욕구Need가
충족되는가? (p. 35참고)

넷째, 내 자신의 이런 면을 생각할 때
지금 어떤 느낌이 드는가? (p. 34참고)

감사하는 마음에는 두려움이 없고,

두려움이 없는 마음에는 폭력이 일어나지 않는다.

– 캐서린 한 –

## 느낌 feeling

### 욕구가 충족되었을 때

감동받은, 뭉클한, 감격스런, 벅찬, 환희에 찬, 황홀한, 충만한, 고마운,
감사한, 즐거운, 유쾌한, 통쾌한, 흔쾌한
기쁜, 반가운, 행복한, 따뜻한, 감미로운, 포근한, 푸근한
사랑하는, 훈훈한, 정겨운, 친근한
뿌듯한, 산뜻한, 만족스런, 상쾌한, 흡족한, 개운한, 후련한, 든든한, 흐뭇한
홀가분한, 편안한, 느긋한, 담담한, 친밀한, 친근한, 긴장이 풀리는, 차분한,
안심이 되는, 가벼운
평화로운, 누그러지는, 고요한, 여유로운, 진정되는, 잠잠해진, 평온한
흥미로운, 재미있는, 끌리는, 활기찬, 짜릿한, 신나는, 용기 나는, 기력이 넘치는,
기운이 나는, 당당한, 살아 있는, 생기가 도는, 원기가 왕성한
자신감 있는, 힘이 솟는, 흥분된, 두근거리는, 기대에 부푼, 들뜬, 희망에 찬

### 욕구가 충족되지 않았을 때

걱정되는, 까마득한, 암담한, 염려되는, 근심하는, 신경 쓰이는, 뒤숭숭한
무서운, 섬뜩한, 오싹한, 겁나는, 두려운, 진땀 나는, 주눅 든
불안한, 조바심 나는, 긴장한, 떨리는, 조마조마한, 초조한, 불편한, 거북한,
겸연쩍은, 곤혹스러운, 멋쩍은, 쑥스러운, 괴로운, 난처한, 답답한, 갑갑한,
서먹한, 어색한, 찜찜한
슬픈, 그리운, 목이 메는
서글픈, 서러운, 쓰라린, 울적한, 참담한, 한스러운, 비참한, 속상한
안타까운, 서운한, 김빠진, 애석한, 낙담한
섭섭한, 외로운, 고독한, 공허한, 허전한, 허탈한, 막막한, 쓸쓸한, 허한
우울한, 무기력한, 침울한
피곤한, 노곤한, 따분한, 맥 빠진, 귀찮은, 지겨운, 절망스러운, 실망스러운,
좌절한, 힘든
무료한, 지친, 심심한, 질린, 지루한
멍한, 혼란스러운, 놀란, 민망한, 당혹스런, 부끄러운
화나는, 약 오르는, 분한, 울화가 치미는, 억울한, 열 받는

# 욕구 need

## 자율성
자신의 꿈, 목표, 가치를 선택할 수 있는 자유
자신의 꿈, 목표, 가치를 이루기 위한 방법을 선택할 자유

## 신체적/생존
공기, 음식, 물, 주거, 휴식, 수면, 안전, 신체적 접촉(스킨십), 성적 표현, 따뜻함,
부드러움, 편안함, 돌봄을 받음, 보호받음, 애착 형성, 자유로운 움직임, 운동

## 사회적/정서적/상호의존
주는 것, 봉사, 친밀한 관계, 유대, 소통, 연결, 배려, 존중, 상호성, 공감, 이해,
수용, 지지, 협력, 도움, 감사, 인정, 승인, 사랑, 애정, 관심, 호감, 우정, 가까
움, 나눔, 소속감, 공동체, 안도, 위안, 신뢰, 확신, 예측 가능성, 정서적 안전,
자기 보호, 일관성, 안정성, 정직, 진실

## 놀이/재미
즐거움, 재미, 유머

## 삶의 의미
기여, 능력, 도전, 명료함, 발견, 보람, 의미, 인생 예찬(축하, 애도),
기념하기, 깨달음, 자극, 주관을 가짐(자신만의 견해나 사상), 중요성,
참여, 회복, 효능감, 희망

## 진실성
진실, 성실성, 존재감, 일치, 개성, 자기존중, 비전, 꿈

## 아름다움/평화
아름다움, 평탄함, 홀가분함, 여유, 평등, 조화, 질서, 평화, 영적 교감, 영성

## 자기구현
성취, 배움, 생산, 성장, 창조성, 치유, 숙달, 전문성, 목표, 가르침, 자각,
자기표현

**These feelings tell us
needs are met**

Peaceful
calm, quiet
content
satisfied
relaxed
secure
centered
relieved
confident

Affectionate
warm, tender
appreciative
friendly
passionate
compassionate
loving

Happy
glad, pleased
excited
joyful, blissful
delighted
jazzed
amused
encouraged

Playful
energetic
expansive
adventurous
mischievous
goofy
silly
impish
light hearted

alive
lively

Interested
inspired
curious
surprised
stimulated
amazed
absorbed
fascinated
engaged

**These feelings tell us
needs are not met**

Sad
lonely
hopeless
hurt
sorrowful
despair
discouraged
disappointed
helpless

Confused
hesitant
indifferent
suspicious
puzzled
troubled
bewildered
conflicted
torn
uncertain
skeptical

Scared
terrified
startled
shocked
nervous, anxious
desperate
afraid
cautious
insecure

Frustrated
irritable
annoyed
agitated
disgusted
furious
enraged
mad, angry
bitter
grumpy
cranky

Discomfort
uneasy
embarrassed
distressed
bored
restless
jealous
impatient
stressed
bummed out
envious
tense
tired
exhausted
overwhelmed

## (What's Important To Me, What I Value)

Survival
- air • food • water
- shelter • touch • sleep

Safety
- security • protection
- order • structure
- consistency • stability

Belonging
- love • comfort • affection
- connection • appreciation
- acceptance • companionship
- community • closeness • intimacy
- attention • sharing • cooperation

Trust
- integrity
- honesty
- support
- reassurance

Consideration
- empathy • compassion
- acknowledgment • warmth
- respect

Understanding
- meaning • exploration
- learning • experience
- clarity

Autonomy
- freedom to choose • choice
- confidence • competence • ability
- self-expression • authenticity
- independence • creativity • dignity

Contribution to Life
- goals • hope • purpose
- meaning • dreams • enrich life

Pleasure
- celebration • play • beauty • nature
- sensuality • sexuality • movement

Harmony
- peace • spiritual communion • order
- balance

Health
- exercise • nutrition • rest • space
- time • hygiene • movement

## About This Collaboration

The missions of Holstee and A Network for Grateful Living are deeply connected.

A Network for Grateful Living is a global organization offering programs, practices, and inspiration for a grateful life. Learn more at gratefulness.org

Holstee designs and creates tools and resources for a more meaningful life. Lear more at holstee.com.

Together, we crafted this deck of Gratitude Cards to include questions that will spark joy and bring meaning and abundance of light.

# 함께 만든 단체에 대하여

홀스티(holstee.com)와 감사하는 삶을 위한 네트워크
(gratefulness.org)는 깊이 연결되어 있으며, 두 단체가
함께 이 카드를 만들었습니다.

한국NVC-비폭력대화-출판사(krnvcbooks.com)는 위
두 단체와 협조해서 이 카드를 한국어로 출간했고, 번역
은 권선아, 편집은 한국NVC센터 고원열, 박진희, 송미경,
김일수, 이신혜, 캐서린 한이 함께했습니다.

한국NVC-비폭력대화-센터(krnvc.org)는 비폭력대화
(NVC, Nonviolent Communication) 정신을 배우고 실천
하는 것을 지원함으로써 개인과 집단의 갈등을 평화로운
방식으로 해결하는 것을 돕고 모두의 욕구가 동등하게
존중되는 사회를 이루는 데 기여하기 위해 설립되었습
니다.

# CNVC와 한국NVC센터

## CNVC(Center for Nonviolent Communication)

www.cnvc.org

CNVC는 모든 사람의 욕구가 존중되고 갈등이 평화로운 방법으로 해결되는 세상을 추구하는 것이 목적이다. 마셜 로젠버그Marshall Rosenberg가 1984년에 설립했으며, 미국 뉴멕시코주 앨버커키에 자리하고 있다. 현재 700여 명의 인증지도자가 세계 여러나라에서 활동한다.

## 한국NVC센터(NGO)

**사회공헌사업문의** nvccenter@krnvc.org 02-391-5585
**후원문의** nvc@krnvc.org 02-6085-5581

한국NVC센터는 모든 사람의 욕구가 존중되고 갈등이 평화로운 방법으로 해결되는 세상을 만들려는 꿈을 공유하고 있는 사람들이 힘을 모아 만든 비영리 단체이다. 한국NVC센터는 '비폭력대화' 교육과 트레이너 양성을 통해 우리 사회에 '비폭력대화'를 확산하고자 설립되었다. 한국NVC센터는 CNVC(Center for Nonviolent Communication)의 지역조직으로서 CNVC와 협력한다.

# 한국비폭력대화교육원

www.krnvcedu.com
**한국비폭력대화교육원** www.krnvcedu.com
**수강문의** 02-325-5586 nvc123@krnvcedu.com
**출강의뢰** 02-6085-5585 workshop@krnvcedu.com

**NVC 워크숍(한국어/영어):** NVC 1·2·3 정규 과정, NVC 소개, NVC 심화 과정, 지도자 과정, IIT(국제 심화 과정), 가족캠프 등 워크숍을 정기적으로 제공하고 있다.
기업, 학교, 각종 기관 등 조직 안에 조화로운 관계를 만들기 위하여 요청과 필요에 맞춰 교육과정을 제공하고 강사를 파견하고 있다.

**NVC 중재:** 중립적인 위치에서 양쪽의 느낌과 욕구가 서로에게 전달될 수 있게 소통을 돕고 모두의 욕구가 충족될 수 있는 방법을 찾아가도록 함께한다.

**NVC 상담(개인/부부/집단):** 내담자의 느낌과 욕구에 공감하며, 더 행복하게 사는 데 도움이 되리라 믿어지는 행동이나 결정을 내담자가 찾아가도록 돕고 있다.

# 한국NVC출판사

www.krnvcbooks.com
books@krnvcbooks.com  02-3142-5586

비폭력대화(NVC)를 배우고 삶에서 적용하는 것을 돕기 위하여 교재, 교구 연구 개발, 제작 판매 및 번역, 출판 사업을 진행하고 있다.

# 주요 출간물

- **비폭력대화(Nonviolent Communication: A Language of Life)**
  | 마셜 B. 로젠버그 | 캐서린 한 옮김
- **비폭력대화 워크북(Nonviolent Communication Companion Workbook)** | 루시 루 | 한국NVC센터 옮김
- **삶을 풍요롭게 하는 교육(Life-Enriching Education)**
  | 마셜 B. 로젠버그 | 캐서린 한 옮김
- **갈등의 세상에서 평화를 말하다** | 마셜 B. 로젠버그 | 정진욱 옮김 | 캐서린 한 감수
- **[내가 쓰고 내가 읽는 비폭력대화] 감사노트1** | 캐서린 한 지음
- **크리슈나무르티, 교육을 말하다** | J. 크리슈나무르티 | 캐서린 한 옮김
- **자칼 마을의 소년 시장** | 리타 헤어조그, 캐시 스미스 글 | 페기 파팅턴 그림
  | 캐서린 한 옮김
- **스마일키퍼스 1·2** | 나다 이냐토비치 사비치 | 한국NVC센터
- **마셜 로젠버그 박사의 비폭력대화 입문 과정 DVD**
  | 한글/영어 자막, 1세트 2 DVD
- **캣 바디, 캣 마인드** | 마이클 W. 폭스 | 이다희 옮김
- **멋진 삶을 살게 해 주는 마법의 기린 주스** | JP 알렌, 마시 윈터스
  | 타마라 라포르테 그림 | 이종훈 옮김
- **기린과 자칼이 함께 춤출 때** | 세레나 루스트 | 슈테판 슈투츠 그림 | 이영주 옮김
- **소시오크라시** | 존 벅, 샤론 빌린스 | 이종훈 옮김
- **삶을 중재하기** | 아이크 라사터, 존 키니언 | 한국NVC센터 옮김
- **부모와 자녀 사이** | 수라 하트, 빅토리아 킨들 호드슨 | 정채현 옮김
- **분노 죄책감 수치심** | 리브 라르손 | 이경아 옮김
- **오늘의 나를 안아 주세요** | 이윤정 지음
- **치매가 인생의 끝은 아니니까** | 패티 비엘락스미스 | 이민아 옮김
- **비폭력으로 살아가기** | 에디 자카파 | 김하늘 옮김
- **느낌은 어떻게 삶의 힘이 되는가** | 비비안 디트마 | 정채현 옮김
- **남자는 어떻게 불행해지는가** | 매튜 폭스 | 김광국 옮김

## [교구]

- **기린/자칼 손인형 세트** 역할극을 하며 NVC를 연습하거나 가르치는 데 사용할 수 있다.

- **기린/자칼 귀 머리띠 세트** 역할극에서 공감으로 듣는 연습을 할 수 있다.

- **느낌 욕구 자석카드** 교실 등에서 자석칠판에 붙여 사용할 수 있다.

**Gratitude Cards**
Copyright © 2022 by Holstee
Korean Translation Copyright © 2024
by The Korean Nonviolent Communication Press

이 카드의 한국어판은 한국NVC출판사에서 출간했습니다.
이 카드의 일부나 전부를 상업적으로 이용하고자 하는 분은 한국NVC출판사로
연락하시기 바랍니다.

비폭력대화 감사카드

2024년 3월 15일 초판 1쇄 발행

**펴낸이** 캐서린 한
**펴낸곳** 한국NVC출판사

비폭력대화 감사카드는 홀스티(holstee.com)와 감사하는 삶을 위한 네트워크
(gratefulness.org)에서 만들었으며, 한국에서 사용하기 위해 한국NVC출판사
가 저작자의 동의를 얻어 다시 만들었습니다. 저작자의 영문 버전 감사카드는
www.holstee.com 에서 구매할 수 있습니다.

**등록** 2008년 4월 4일 제300-2012-216호
**주소** (03035) 서울 종로구 자하문로17길 12-9 (옥인동) 2층
**전화** 02)3142-5586 **팩스** 02)325-5587
**이메일** books@krnvcbooks.com
**웹사이트** www.krnvcbooks.com
**isbn** 979-11-85121-40-6 00180

값은 뒤표지에 있습니다.
잘못 만든 책은 구입하신 서점에서 바꾸어 드립니다. 비폭력대화 감사카드의
일부나 전부를 상업적으로 이용하고자 하는 분은 한국NVC출판사로 연락하시
기 바랍니다.

# GROK

## INSTRUCTION
## BOOKLET

# INSTRUCTION BOOKLET

# What is GROK?

GROK[1] is a set of interactive games designed for understanding, listening, connection, and fun! The games are based on Nonviolent Communication (NVC), a process developed by Marshall Rosenberg, and taught internationally to promote peace and resolve conflict with individuals, families, organizations, and governments.

Enclosed are a deck of FEELINGS cards, a deck of NEEDS & VALUES cards, and a game manual.

Each deck of cards consists of 60 cards including 1 blank card which would be used to express, if necessary, your specific feelings and needs other than listed ones. GROK games can be played alone, in pairs, or in a group.

---

1) In Robert Heinlein's science-fiction novel *Stranger in a Strange Land*, the word GROK in Martian literally means "to drink" but metaphorically means "to take it all in", "to fully understand", or "to be at one with."

1. One person volunteers to be the first Player. Distribute the FEELINGS and NEEDS cards to the rest of the Group members.

2. The Player briefly describes a conflict or a celebration in her/his life (old or current), trying to use facts rather than judgements, evaluations, or labels of other people. We suggest the Player keep the story within 100 words.

3. Group members scan their FEELINGS cards and find a feeling or two they think represent the Player's emotions. Each person in turn places a FEELINGS card in front of the Player and guesses, "Are you feeling_____?" Go around the group 2-3 times. The Player observes without commenting.
[To shorten play, the Player selects his/her own FEELINGS cards and shares.]

4. The Player scans all the FEELINGS cards in front of

him/her and selects 2-3 cards that match his/her emotions and removes the other cards.

5. Group members scan their NEEDS cards to find ones they guess might represent the Player's needs/values. Each person in turn places one NEEDS card in front of the Player and guesses, "Are you needing/wanting _____?" Play continues around the circle 2-3 times, while the Player remains silent. The Player then scans all the NEEDS cards now in front of her/him. The Player selects out and names which NEEDS most connect with his/her situation and anything else she/he wants to share about his/her experience of being heard/understood.

6. Pass the cards to the left and the next person becomes the Player, starting at #1. If there is time, let everyone in the group have the opportunity to share.

**2. Guilt Game**

The Player thinks of a specific situation in which he/she felt guilty (or still does). The Player says "When I feel guilty, I'm telling myself that I should or shouldn't _____." NEEDS cards are divided among the group. Group members guess in turn, "Are you feeling guilty (hurt, scared, disappointed, sad, frustrated, annoyed, etc.) because you are needing/valuing/wanting _____?" (Put NEEDS card in front of the Player.) When you have gone around the circle 2-3 times, the Player tells the group which needs most connect with his/her situation.

The Player says, "(you, I, or a specific person) never/ always/seldom/often _____." Or the Player says, "Why didn't you _____?" NEEDS cards are divided among the group. Group members guess in turn, "Are you needing /valuing /wanting _____?" (Put NEEDS card in front of the Player. When you have gone around the circle 2-3 times, the Player tells the group which needs most connect with his/her situation.

**4. Translating Hard-to-Hear Messages**

The Player chooses a "hard-to-hear" message from the list on the next page (or makes up his/her own) and shares it with the Group. Follow #2-4 in Group GROK on front page. The Player responds to each guess. ("Yes, I'm feeling VERY angry! I'm needing respect and consideration!" or "No, I'm not feeling hurt, I'm feeling resentful!")

[This game can also be played in teams, with each team guessing needs.]

## [Game #4] Hard-to-Hear Messages

1. You're too loud.

2. You're too sensitive.

3. You always do things your way.

4. You never listen to me.

5. You never help out around the house.

6. You don't know how to _____.

7. You always _____.

8. You never _____.

9. You're just like my mother (father).

10. You're just like your mother (father).

11. You should act your age.

12. You should get a real job.

13. You'll never amount to anything.

14. You think money grows on trees.

15. You expect too much. You'll always be disappointed.

16. You're wasting your time at that job.

17. Why don't you act like _____.

18. Why can't you learn things the easy way?

The Player thinks of a specific situation when she/he felt angry (or still does). The Player says, "When I feel angry, I'm telling myself that you should or shouldn't _____." (This can be anything like, "shouldn't yell at me", "should have voted for the other candidates", etc.) NEEDS cards are divided among the group. Group members in turn guess, "Are you feeling angry (or hurt, scared, disappointed, sad, frustrated, annoyed, etc.) because you are needing/valuing/ wanting _____?" (Put NEEDS cards in front of the Player.) When you have gone around the circle 2-3 times, the Player tells the group which needs most connect with his/her situation.

## GROK 6. Feelings Charades

The Player draws a FEELINGS card and without looking at it, holds it so Group members can read it. Group members demonstrate this feeling with their face and bodies. (no words!) The Player guesses the feeling. This can also be played in pairs.

The Player draws a FEELINGS card and shares it with the Group members. Everyone describes a situation where he/she felt this feeling.

GROK  8. I Might Feel that Way If...

The Player draws a FEELINGS card and without looking at it, holds it so others in the group can see it. Group members offer: "I might feel that way if..." and then they tell a circumstance where they would probably experience that feeling. The Player guesses the feeling.

## GROK 9. Name that Feeling

The Player draws a FEELINGS card and tells the group the circumstance in which she/he might feel this feeling. Group members guess the feeling.

# 10. I Have that Need When...

The Player draws a NEEDS card and without looking at it, holds it so others in the group can see it.

The Group members start talking about a situation where the need might be active (without using the word itself).

The Player guesses the feeling.

## 11. Name that Need

The Player draws a NEEDS card and is the only one to see it. She/He describes it to the group in all the ways he/she can think of without using the word, and the Group members guess the need.

**12. Celebrating a Met Need**

The Player chooses a NEEDS card and then describes a situation that happened where his/her need was met. Group members guess the need. If the guess sounds close, the Player can say, "Yes, and I'm thinking of another need as well," until the guess is made accurately.

The Player chooses a message from the list on the next page (or makes up their own). The Player reads this mistaken need, and Group members, who each has a handful of NEEDS cards, guess in turn what the Player's real need might be.

(Example: "I need you to stop yelling!"-possible guesses: safety, comfort, respect, consideration) Next Player makes a choice from the list and play continues. This game can help us to understand the distinction between needs and strategies.

# [Game #13] Strategies Mistaken for Needs

1. I need you to be quiet!

2. I need you to love me.

3. I need you to pay attention to me.

4. I need you to do your chores.

5. I want you to do what I say.

6. I want you to be kind.

7. I want you to be on time.

8. I need to prove my point.

9. I need to get my own way.

10. I need to be right, and you to be wrong.

11. I need to look good.

12. I need your approval.

13. I need to punish you.

14. I need to show you who is the boss.

15. I need more money.

16. I need a raise!

17. I need you to take care of the house.

18. I need you to stop smoking (drinking, swearing

    _____.)

Each Group member draws 3-5 NEEDS cards. Arrange those cards in a top to bottom sequence of "most important" to "least important." Keep the cards all viewable to everyone. Each person takes a turn to speak about her/his reasons for prioritizing the needs in this way.

(Note: there is no right or wrong way. The prioritization could be different in any hour of a day or a week. This demonstrates how prioritization of needs changes according to life circumstances, and are unique to each person.)

The Player chooses a scenario from the list on the next page (or makes up his/her own) and says it out loud to the group. Each Group member has a handful of NEEDS cards and proceeds in turn to guess the Player's needs. The Player responds to the guesses, as in a conversation. Next Player makes a choice from the list and play continues.

## [Game #15] Needs Role Play

1. I was driving into a parking lot and someone pulls into the parking space that I was heading for with my signal on!
2. I was hosting a dinner party, and I dropped a platter of food as I went into the dining room.
3. My supervisor is upset about some work that they were wanting finished. They think I was responsible for it, and I believed it was my co-worker's responsibility.
4. My close friend has not acknowledged my birthday or _____.
5. I overheard a close friend tell others something about me that I wanted kept private and confidential.
6. I want to share the expenses of a new fence with my neighbor. He refuses to pay for half of it.
7. I borrowed a friend's car and got a big dent in the bumper when I backed into a pole.
8. I applied for the same job as my best friend. I just found this out, and she/he doesn't know yet!
9. I want to _____ and my parents are saying, "No way!"
10. I want to get a dog and my dad is saying, "No."

# GROK Alone

Most of the games can be adapted to play alone.
Playing Grok by oneself can promote deeper clarity,
self-acceptance, and self-compassion.
You can also use the cards as
a personal meditation on your needs and values.
Choose a NEEDS card and close your eyes,
connecting deeply with the need.
Know that the NEED/VALUE lies inside you.
Rest in the fullness of the NEED/VALUE.
How does that feel in your body?

## Feelings/ Emotions

**These feelings tell us needs are met**

Peaceful
calm, quiet
content
satisfied
relaxed
secure
centered
relieved
confident

Affectionate
warm, tender
appreciative
friendly
passionate
compassionate
loving

Happy
glad, pleased
excited
joyful, blissful
delighted
jazzed
amused
encouraged

Playful
energetic
expansive
adventurous
mischievous
goofy
silly
impish
light hearted

alive
lively

Interested
inspired
curious
surprised
stimulated
amazed
absorbed
fascinated
engaged

**These feelings tell us needs are not met**

Sad
lonely
hopeless
hurt
sorrowful
despair
discouraged
disappointed
helpless

Confused
hesitant
indifferent
suspicious
puzzled
troubled
bewildered
conflicted
torn
uncertain
skeptical

Scared
terrified
startled
shocked
nervous, anxious
desperate
afraid
cautious
insecure

Frustrated
irritable
annoyed
agitated
disgusted
furious
enraged
mad, angry
bitter
grumpy
cranky

Discomfort
uneasy
embarrassed
distressed
bored
restless
jealous
impatient
stressed
bummed out
envious
tense
tired
exhausted
overwhelmed

**(What's Important To Me, What I Value)**

Survival
- air • food • water
- shelter • touch • sleep

Safety
- security • protection
- order • structure
- consistency • stability

Belonging
- love • comfort • affection
- connection • appreciation
- acceptance • companionship
- community • closeness • intimacy
- attention • sharing • cooperation

Trust
- integrity
- honesty
- support
- reassurance

Consideration
- empathy • compassion
- acknowledgment • warmth
- respect

Understanding
- meaning • exploration
- learning • experience
- clarity

Autonomy
- freedom to choose • choice
- confidence • competence • ability
- self-expression • authenticity
- independence • creativity • dignity

Contribution to Life
- goals • hope • purpose
- meaning • dreams • enrich life

Pleasure
- celebration • play • beauty • nature
- sensuality • sexuality • movement

Harmony
- peace • spiritual communion • order
- balance

Health
- exercise • nutrition • rest • space
- time • hygiene • movement

# About us

**CNVC(Center for Nonviolent Communication)**
www.cnvc.org

Founded by Marshall Rosenberg in 1984.
Currently over 700 certified trainers are around the world.

**The Korean Center for Nonviolent Communication**
www.krnvc.org
nvc@krnvc.org 02-391-5585

The Korean Center for Nonviolent Communication is a nonprofit organization that shares the spirit of Nonviolent Communication to create a world where everyone's needs are respected and conflicts are resolved in a peaceful way.
Its social change activities are, free NVC mediation service for families and neighbors, the Giraffe Village projects to prevent school violence, and a restorative dialogue meetings for police stations when there is a conflict in their area.

## KRNVC Education Department

www.krnvcedu.com

Inquires: 02-325-5586 nvc123@krnvcedu.com

Workshop, trainer inquire : 02-6085-5585

workshop@krnvcedu.com

NVC Workshop (Korean/English):

NVC introduction

NVC in 3 levels (NVC 1, 2, 3)

1 Year program in deepening (Life, Mediation, Parenting)

International Intensive Training (IIT)

Family camp

Smile Keepers for children

Leadership and team building for business, schools and organizations

NVC Mediation: In a neutral position, mediators help both parties to communicate and understand each other's feelings and needs. Then search for a resolution that will meet everybody's needs.

NVC Counseling: (Individual/Couple/Group): Empathizes with client's feelings and needs, and helps clients to make decisions that enrich their lives.

## Korea NVC publishing

www.krnvcbooks.com

books@krnvcbooks.com 02-3142-5586

To support people learning NVC and applying it in life, they
publish books and educational materials.

- ◆ Nonviolent Communication: A Language of Life - Marshall
  B. Rosenberg
- ◆ Nonviolent Communication Companion Workbook - Lucy Leu
- ◆ Life-Enriching Education - Marshall B. Rosenberg
- ◆ Speak Peace in a World of Conflict - Marshall B. Rosenberg
- ◆ Gratitude Journal - Katherine Hahn Singer
- ◆ Education and the Significance of Life - J. Krishnamurti
- ◆ The Mayor of Jackal Heights - Rita Herzog, Kathy
  Smith(Author), Paggy Partington(Illustrator)
- ◆ Smile Keepers 1.2 - Nada Ignjatović-Savić
- ◆ Cat Body, Cat Mind - Michael W. Fox
- ◆ Giraffe Juice: The Magic of Making Life Wonderful - JP
  Allen, Marci Winters (Author), Tamara Laporte (Illustrator)
- ◆ WENN DIE GIRAFFE MIT DEM WOLF TANZT - Serena Rust
  (Author), Stefan Stutz (Illustrator)
- ◆ Parenting From Your Heart: Sharing the Gifts of
  Compassion, Connection, and Choice - Inbal Kashtan
- ◆ Practical Spirituality: The Spiritual Basis of Nonviolent
  Communication - Marshall B. Rosenberg

- ◆ Eat by Choice, Not by Habit: Practical Skills for Creating a Healthy Relationship With Your Body and Food - Sylvia Haskvitz
- ◆ Humanizing Health Care: Creating Cultures of Compassion with Nonviolent Communication - Melanie Sears
- ◆ The Surprising Purpose of Anger: Beyond Anger Management: Finding the Gift - Marshall B. Rosenberg
- ◆ Being Me, Loving You: A Practical Guide to Extraordinary Relationships - Marshall B. Rosenberg
- ◆ Teaching Children Compassionately: How Students and Teachers Can Succeed with Mutual Understanding - Marshall B. Rosenberg
- ◆ We the People: Consenting to a Deeper Democracy - John Buck and Sharon Villines
- ◆ Mediate Your Life Training Manual - John Kinyon and Ike Lasater
- ◆ Respectful Parents, Respectful Kids - Sura Hart and Victoria Kindle Hodson
- ◆ Anger, Guilt & Shame: Reclaiming Power and Choice - Liv Larsson
- ◆ Dementia Together - Pati Bielak-Smith
- ◆ Principles and Practices of Nonviolence - Eddie Zacapa
- ◆ The Power of Feelings - Vivian Dittmar
- ◆ The Hidden Spirituality of Men - Matthew Fox

GROK is designed by Jean Morrison and Christine King, both NVC certified trainers. GROK was revised for use in Korea with their permission.
http://nvcproducts.com

Please contact us for more information regarding other educational materials and volunteer opportunities.

<u>Address</u> 2nd floor, 12-9, Jahamun-ro 17-gil, Jongno-gu, Seoul
<u>Phone</u> 02)3142-5586 Fax 02)325-5587
books@krnvcbooks.com
www.krnvcbooks.com

운동과학트레이닝
지혜로운대처
( GROK )

# 비폭력대화 공감 카드게임
# 그로그(GROK)

## 그로그(GROK)에 대해서

GROK

# 그로그(GROK)에 대해서

'그로그[1]'는 자신을 솔직하게 표현하고 다른 사람을 공감하는 것을 재미있게 배울 수 있는 대화식 카드게임이다. 이 게임은 마셜 로젠버그(Marshall Rosenberg)가 개발한 비폭력대화(NVC, Nonviolent Communication)를 기초로 하고 있다. NVC는 개인, 가정, 공동체에서 발생하는 갈등을 해결하고 평화를 증진하는 방법으로 전 세계의 많은 사람들이 배우고 있다.

'그로그'의 느낌카드와 욕구카드는 각각 60장의 느낌말과 욕구말로 구성되어 있고 공카드가 1장씩 들어 있다. 공카드는 카드에 없는 느낌과 욕구를 표현할 때 사용할 수 있다. 그로그는 혼자서나 둘 또는 여럿이 할 수 있다.

---

1) 로버트 하인라인(Robert Heinlein)의 공상과학 소설「낯선 땅, 이방인」에서 화성인이 쓰는 말로 '마시다'라는 뜻을 가지고 있다. '전부 수용하다', '충분히 이해하다', 또는 '공감으로 일치감을 느끼다'를 의미하기도 한다. 그로그(GROK)는 CNVC 인증지도자인 진 모리슨(Jean Morrison)과 크리스틴 킹(Christine King) 이 만들었으며, 한국에서 사용하기 위해 한국NVC출판사가 저작자의 동의를 얻어 다시 만들었다. 저작자의 영문 버전 GROK는 http://nvcproducts.com 에서 구매할 수 있다.

여기서는 느낌카드와 욕구카드를 가지고 할 수 있는 다양
한 게임들을 소개한다.

## 게임 용어

### 플레이어(Player)

게임에서 주로 카드를 나누어주고, 말하는 사람을 가리킴. 자기 차례가 되어 게임 관련 상황을 말하거나 문제를 내는 사람을 가리키며 플레이어가 되는 순서는 누군가가 먼저 시작해 한쪽으로 돌아가며 하거나, 나름의 방식으로 정할 수 있다.

### 그룹 멤버

플레이어의 느낌, 욕구 등을 추측하며 맞히는 역할을 맡아 게임을 함께하는 사람을 말한다.

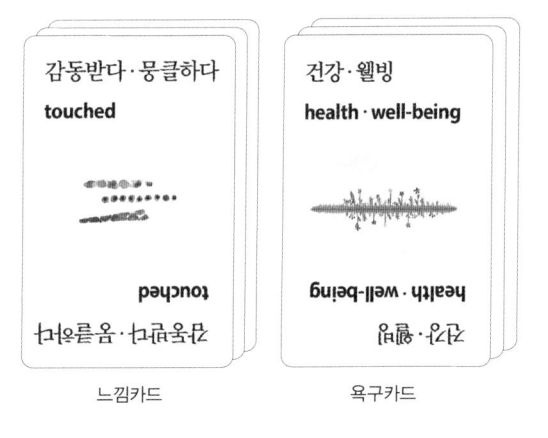

느낌카드        욕구카드

## 1. 공감 포커

• 준비물: 느낌카드, 욕구카드

A. 한 사람이 플레이어가 된다. 플레이어는 누구나 될 수 있고 그룹이 원하는 방식으로 돌아갈 수 있다. 플레이어는 자신을 제외하고, 느낌카드와 욕구카드를 그룹 멤버들에게 골고루 나누어준다.

B. 플레이어는 자신이 과거에 겪었거나 현재에 겪고 있는 갈등 혹은 축하할 일 등을 간단히 이야기한다. 이때 판단이나 평가, 꼬리표 달기를 하지 않으면서 있는 그대로를 2분 정도 이야기한다.

C. 그룹 멤버들은 각자 들고 있는 느낌카드를 훑어보며 플레이어의 감정을 추측해서 그에 해당하는 카드를 뽑는다. 한 사람씩 돌아가며 플레이어 앞에 느낌카드를 한 장씩 내려놓는다. 이때 다음과 같이 말한다.

"_____ 느끼세요?"(예: 뿌듯하세요?, 서운하세요?)

자기 차례에 내려놓을 카드가 없을 때에는 "통과(pass)"라고 말한다.

전체가 2~3번 돌아가거나 모두가 통과(pass)를 할 때까지 돌아간다.

D. 플레이어는 조용히 듣는다.

E. 플레이어는 그룹 멤버들이 추측하여 자기 앞에 놓은 느낌카드들 중에서 자신의 느낌과 맞는 카드를 2~3장 선택하고 나머지 카드는 옆으로 치운다.

F. 그룹 멤버들은 플레이어의 느낌을 확인한 후, 자신의 욕구카드를 훑어보고 플레이어의 욕구라고 생각하는 카드를 찾는다.
   한 사람씩 돌아가며 플레이어 앞에 욕구카드를 한 장씩 내려놓는다. 이때 다음과 같이 말한다.
   "_____가 중요 / 필요 / 원하세요?"
   (예: 신뢰가 중요하세요?, 배려가 필요하세요?)
   자기 차례에 내려놓을 카드가 없을 때에는 "통과(pass)"라고 말한다.
   전체가 2~3번 돌아가거나 모두가 통과(pass)를 할 때까지 돌아간다.

G. 플레이어는 조용히 듣는다.

H. 플레이어는 앞에 놓인 욕구카드들 중에서 가장 중요한 것 2~3개를 골라 본다. 고른 욕구에 대해 그룹 멤버들

에게 이야기하고 지금의 경험에 대해 말하고 싶은 것이 있다면 같이 나눈다.

I. 다음 사람이 플레이어가 되어 A번부터 동일한 방식으로 진행한다. 시간이 허락하는 한 모든 사람이 돌아가며 플레이어가 되어 본다. 게임을 짧게 하려면 플레이어가 자신의 느낌카드를 직접 선택할 수도 있다.

## 2. 죄책감 다루기

• 준비물: 욕구카드

A. 플레이어는 죄책감을 느꼈던 때를 생각해 본다.

B. 그리고 그때의 생각을 다음과 같이 말한다.
　"내가 죄책감을 느꼈을 때, 나는 나 자신에게
　'_____했어야 했어. / 하지 말았어야지.'라고 말하고
　있었다."

C. 그룹 멤버들은 욕구카드를 나누어 갖는다.

D. 한 사람씩 돌아가며 플레이어의 욕구라고 추측하는 욕
　구카드를 플레이어 앞에 내려놓는다. 이때 다음과 같이
　말한다.
　"죄책감(마음 아픈, 겁나는, 실망한, 슬픈, 좌절한, 괴로운)
　이 드니? _____이/가 중요 / 필요 / 원하기 때문에?"

E. 전체가 2~3번 돌아가며 묻고 난 후, 플레이어는 자신의
　마음을 가장 잘 표현하고 있는 욕구카드를 고르고 그것
　에 대해 이야기한다.

# 3. 비난에서 벗어나기

• 준비물: 욕구카드

A. 플레이어는 지금이나 예전에 누군가를 탓하거나 비난했던 때를 생각해 본다.

B. 그리고 다음과 같이 탓하거나 비난하는 말을 한다.
   "_____(당신, 나 또는 특정한 사람)은 결코/항상/좀처럼/자주 _____(안)해."
   또는 "당신은 왜 _____하지 않는 거야?" 등.

C. 그룹 멤버들은 욕구카드를 나누어 갖는다.

D. 한 사람씩 플레이어 앞에 욕구카드를 내려놓으면서 다음과 같이 묻는다.
   "너는 _____이/가 중요/필요/원하니?"

E. 전체가 2~3번 돌아가며 묻고 난 후, 플레이어는 자신의 마음을 가장 잘 표현하는 욕구카드를 고르고 그것에 대해 이야기한다.

# 4. '듣기 힘든 말'을 들었을 때

• 준비물: 느낌카드, 욕구카드, 예문목록 [게임 4]

A. 플레이어는 자신이 '듣기 힘든 말'을 그룹 멤버들에게 말한다. P.15의 '듣기 힘든 말' 예문 목록에서 선택할 수도 있다.

B. 그룹 멤버들은 플레이어를 빼고 느낌카드와 욕구카드를 나누어 갖는다.

C. 그룹 멤버들은 각자 들고 있는 느낌카드를 훑어보면서 플레이어의 감정을 추측해 그에 해당하는 카드를 뽑는다. 한 사람씩 돌아가며 플레이어 앞에 느낌카드를 한 장씩 내려놓으며 다음과 같이 말한다.

"그 말을 들었을 때 _____느끼세요?"(예: "그 말을 들었을 때 답답했어요?")
자기 차례에 내려놓을 카드가 없을 때에는 "통과(pass)"라고 말한다.
전체가 2~3번 돌아가거나 모두가 통과(pass)를 할 때까지 돌아간다.

D. 플레이어는 조용히 듣는다.

E. 플레이어는 그룹 멤버들이 추측하여 놓은 카드들 중에서 자신의 느낌과 맞는 카드를 2~3장 선택하고 나머지 카드는 옆으로 치운다.

F. 이제 그룹 멤버들은 각자 나누어 가진 욕구카드들을 훑어보고 플레이어의 욕구라고 생각하는 카드를 찾는다. 한 사람씩 돌아가며 플레이어 앞에 욕구카드를 한 장씩 내려놓는다.
   " _____이/가 중요/필요/원하세요?"
   (예: "존중이 중요하셨어요?")

   자기 차례에 내려놓을 카드가 없을 때에는 "통과(pass)"라고 말한다.
   전체가 2~3번 돌아가거나 모두가 통과(pass)를 할 때까지 돌아간다.

G. 플레이어는 조용히 듣는다.

H. 플레이어는 자기 앞에 놓인 욕구카드들을 보고 자신의
   마음을 가장 잘 표현하는 카드 2~3장을 고르고, 그것
   에 대해 이야기한다. 또, 지금의 경험에 대해 말하고 싶
   은 것이 있다면 같이 나눈다.

I. 다음 사람이 A번부터 동일한 방식으로 진행한다. 시간이
   허락하는 한 모든 사람이 돌아가며 한다. 게임 시간을
   짧게 하려면 플레이어가 느낌카드를 직접 고르고 시작할
   수 있다.

## [게임 4] - 듣기 힘든 말

1. 너는 너무 시끄러워.

2. 너는 너무 예민해.

3. 너는 늘 네가 하고 싶은 대로만 해.

4. 너는 내 말을 듣는 법이 없어.

5. 당신은 집안일을 하나도 돕지 않아.

6. 너는 _____을 할 줄 모르잖아.

7. 너는 항상 _____.

8. 너는 _____를 전혀 안 해.

9. 너는 하는 짓이 꼭 우리 엄마(아빠) 같다.

10. 너는 하는 짓이 꼭 너희 엄마(아빠) 같다.

11. 나잇값 좀 해라.

12. 제대로 된 직업 좀 가져 봐라.

13. 언제 인간 될래?

14. 땅 파 봐라, 땡전 한 푼 나오나.

15. 너는 바라는 게 너무 많아. 그러면 실망만 더 커져.

16. 그런 일을 하는 건 시간 낭비야.

17. 왜 ○○○처럼 행동하지 않니?

18. 너는 왜 그렇게 사서 고생을 하니?

## GROK   5. 분노 다루기

● 준비물: 욕구카드

A. 플레이어는 최근이나 예전에 화가 났던 때를 떠올려 다음과 같이 말한다. "내가 화가 났을 때, 나는 마음속으로 상대에게 '너는_____했어야 해./하지 말았어야지.'라고 말하고 있었어."
(예: 나는 그때 '너는 나한테 소리 지르지 말았어야 해!'라고 생각하고 있었다. '너는 숙제를 어제 미리 미리 했어야지.'라고 속으로 말하고 있었다.)

B. 그룹 멤버들은 욕구카드를 나누어 갖는다.

C. 한 사람씩 돌아가며 다음과 같이 말하면서 플레이어의 욕구라고 추측하는 욕구카드를 플레이어 앞에 내려놓는다.
"_____이/가 중요/필요/원하기 때문에 화(마음 아픈, 겁나는, 실망한, 슬픈, 좌절한, 괴로운)가 났니?"

D. 전체가 2~3번 돌아가며 묻고 난 후, 플레이어가 자신의 마음을 잘 표현하고 있는 욕구카드를 2~3개 고르고 그것에 대해 이야기한다.

# 6. 느낌 셔레이드 2)

• 준비물: 느낌카드

A. 플레이어가 느낌카드 한 장을 뽑는다.

B. 플레이어는 뽑은 카드를 보지 않고 그룹 멤버들이 그 카드를 읽을 수 있게 들어 보인다.

C. 느낌카드를 확인한 그룹 멤버들은 말은 하지 않고 얼굴 표정과 몸짓으로 그 느낌을 표현한다.

D. 플레이어는 자신이 어떤 느낌카드를 뽑았는지 추측하여 말한다.

이 게임은 둘씩 짝을 지어 할 수도 있다.

---

2) 셔레이드 charade : 제스처 놀이, 한 사람이 하는 몸짓을 보고 그것이 나타내는 말을 알아맞히는 놀이

## GROK 7. 라운드 로빈[3]

• 준비물: 느낌카드

A. 플레이어는 느낌카드 한 장을 뽑고, 그룹 멤버들에게 보여 준다.

B. 각자 그러한 느낌을 가졌던 상황을 돌아가며 나눈다.

---

3) 라운드 로빈 Round Robin: 차례대로 돌아가는 방식

• 준비물: 느낌카드

A. 플레이어는 느낌카드 한 장을 뽑아 들고, 자신은 보지 않고 그룹 멤버들에게 보여준다.

B. 그룹 멤버들은 플레이어가 뽑은 느낌카드를 보고 그 느낌을 경험할 만한 상황을 떠올려 그 상황을 말한다.

C. 카드를 뽑은 플레이어는 그룹 멤버들의 경험을 듣고 내가 뽑은 느낌카드가 무엇인지 추측하여 말한다. 플레이어는 두 명이 한 팀으로 할 수도 있다.

● 준비물: 느낌카드

A. 플레이어는 느낌카드 한 장을 뽑는다. 이때 자신만 카드 를 확인한다.

B. 뽑은 카드를 그룹 멤버들에게 보여 주지 않은 채, 자신 이 그 느낌을 느낄 만한 상황을 말한다.

C. 그룹 멤버들은 플레이어가 설명하는 그 느낌을 추측하 여 말한다.

• 준비물: 욕구카드

A. 플레이어는 욕구카드 한 장을 뽑은 후, 자신은 보지 않고 그룹 멤버들에게 보여준다.

B. 그룹 멤버들은 그 욕구를 직접 말하지 않고 그 욕구가 충족되거나 충족되지 않는 상황을 설명한다.

C. 카드를 들고 있는 플레이어는 자신이 뽑은 카드가 무엇인지, 그 욕구를 추측하여 말한다.

● 준비물: 욕구카드

A. 플레이어가 욕구카드를 한 장 뽑는다. 그룹 멤버들에게는 보여 주지 않고 자신만 확인한다.

B. 그 욕구카드의 단어만 말하지 않고 그 욕구를 보고 떠오르는 관찰이나 느낌 등, 생각나는 여러 가지 방법으로 그룹 멤버들에게 그 욕구를 설명한다.

C. 그룹 멤버들은 플레이어가 설명하고 있는 욕구가 무엇일지 추측하며 알아맞힌다.

**12. 욕구 찾기 (3)**

• 준비물: 욕구카드

A. 플레이어는 욕구카드 하나를 뽑아 그룹 멤버들에게는 보여 주지 않고 자신만 확인한다.

B. 플레이어는 그 욕구가 충족되었던 상황을 떠올려 그때의 느낌을 충분히 실감하며 그룹 멤버들에게 그 욕구에 대해 이야기한다.

C. 그룹 멤버들은 플레이어의 욕구를 추측하며 알아맞힌다.

D. 플레이어는 자신이 뽑은 욕구카드와 비슷한 답이 나오면, "그것도 맞습니다. 그런데 저는 지금 다른 욕구를 생각하고 있습니다."라고 말한다. 맞히는 사람이 나올 때까지 이어 가 본다.

# 13. 욕구와 수단/방법 구별하기[4]

● 준비물: 욕구카드, 예문목록 [게임 13]

A. 플레이어는 P.26의 '게임 13' 목록에서 예문 하나를 골라 본다. 또는 수단/방법인지 아니면 욕구인지 혼란스러운 표현이 있다면 그 말을 게임에 사용해도 좋다.

B. 나머지 그룹 멤버들은 욕구카드를 나누어 갖는다.

C. 플레이어는 선택한 문장을 읽는다.

D. 그룹 멤버들은 차례로 돌아가며 나누어 가진 자기 몫의 욕구카드 중에서 플레이어의 진짜 욕구라고 추측하는 것을 골라 플레이어 앞에 내려놓으며 다음과 같이 물어 본다.
"OOO님이 '나는 네가 소리 지르지 않기를 원해!'라고 할 때는 정서적 안전이 중요하셨나요?"
"OO님은 배려와 존중이 필요하셨나요?"

E. 다음 사람이 A번부터 동일한 방식으로 진행한다.

---

4) 이 게임은 욕구와 수단/방법을 구별하는 데 도움이 된다.

## [게임 13] - 욕구라고 오해하는 수단/방법

1. 조용히 좀 해!
2. 나는 당신의 사랑이 필요해.
3. 나는 너한테서 관심을 받고 싶어.
4. 네가 맡은 집안일은 해 줬으면 좋겠어.
5. 내가 말한 대로 해 주길 원해.
6. 네가 친절했으면 좋겠어.
7. 너희들이 약속을 지키는 게 나한테는 중요해.
8. 나는 내 의견을 증명할 필요가 있어.
9. 내 방식대로 되는 게 중요해.
10. 내가 옳고 네가 틀렸다는 걸 사람들이 아는 것이 중요해.
11. 나는 예쁘게 보이고 싶어.
12. 나는 너의 인정이 필요해.
13. 나는 너를 벌주는 게 중요해.
14. 여기서 누가 사장인지 너에게 보여 줄 거야.
15. 나는 돈이 더 많이 필요해.
16. 급여 인상이 필요해.
17. 네가 집안 일을 해주면 좋겠어.
18. 나는 네가 담배(술, 게임, 욕 등)를 끊기를 원해.

**14. 욕구 우선순위**

• 준비물: 욕구카드

A. 게임에 참여하는 사람들은 각각 욕구카드를 3~5장씩 뽑는다.

B. 자기가 뽑은 카드를 중요한 순서대로 정리해 본다. 그룹 멤버들이 모두 볼 수 있도록 놓는다.

C. 차례로 돌아가면서 자신이 그 순서로 놓은 이유를 나눈다.

옳고 그른 방법은 없다. 욕구 우선순위는 한 시간 뒤나 하루 뒤, 일주일 뒤에는 달라질 수 있다. 이 게임은 욕구의 우선순위가 삶의 환경에 따라 그때그때 변할 수 있고, 사람에 따라 얼마나 특별할 수 있는지를 보여 준다.

# 15. 욕구 역할극

• 준비물: 욕구카드, 예문목록 [게임 15]

A. 플레이어는 예문목록 '게임 15'에서 한 가지 사례를 선택하고 그룹 멤버들에게 이야기한다. 또는 자신의 경험을 이야기할 수도 있다.

B. 이야기를 들은 그룹 멤버들은 욕구카드를 나누어 갖는다. 차례로 돌아가며 자기 몫의 욕구카드들 중에서 플레이어의 욕구를 추측하며 고른 카드를 플레이어 앞에 내려놓는다. 이때 다음과 같이 말한다.
"OO님은 _____이/가 중요/필요/원하세요?"

C. 플레이어는 대화를 하듯이 추측에 반응한다.

D. 다음 사람이 플레이어를 이어가며 A번부터 동일한 방식으로 진행한다.

## [게임 15] - 욕구 역할극

1. 깜빡이를 켜고 주차하러 들어가는데, 내가 주차하려고 한 곳에 다른 사람이 차를 넣었다.
2. 집에서 생일 파티를 열었는데, 음식이 가득 든 접시를 테이블로 옮기려다가 떨어뜨렸다.
3. 일이 기한 내에 끝나지 않자, 상사는 내 책임이라며 나에게 화를 냈다. 하지만 나는 다른 동료의 책임이라고 믿고 있다.
4. 친구가 내 생일(또는 ___)을 챙겨 주지 않았다.
5. 친한 친구가 내 비밀을 OO에게 말하는 걸 들었다.
6. 새 담장을 설치하는데 이웃집과 경비를 분담하자고 했다. 그런데 이웃집 사람이 거절했다.
7. 친구 차를 빌려서 운전을 하던 중에 주차장에서 후진을 하다가 담벼락에 범퍼를 박았다.
8. 친한 친구가 나와 같은 일에 지원을 했다는 것을 방금 알았는데, 내 친구는 아직 이 사실을 모른다.
9. 나는 _____를 하고 싶은데 부모님은 "절대 안 돼!"라고 말한다.
10. 개를 키우고 싶은데 아빠는 안 된다고 한다.

## 혼자 하기

여기 나온 게임들은 대부분 명료함,
자기수용, 자기연민을 위해 혼자서도 할 수 있다.

욕구카드 하나를 선택하여 눈을 감고
그 욕구와 깊게 연결하면서 명상에 사용할 수 있다.
이때 내 안에 그 욕구가 있다는 것을 인식한다.
그 욕구에 충분히 머물러 본다.
몸이 어떻게 느끼는지 살펴본다.

## 느낌 feeling

**<u>욕구가 충족되었을 때</u>**

감동받은, 뭉클한, 감격스런, 벅찬, 환희에 찬, 황홀한, 충만한, 고마운,
감사한, 즐거운, 유쾌한, 통쾌한, 흔쾌한
기쁜, 반가운, 행복한, 따뜻한, 감미로운, 포근한, 푸근한
사랑하는, 훈훈한, 정겨운, 친근한
뿌듯한, 산뜻한, 만족스런, 상쾌한, 흡족한, 개운한, 후련한, 든든한, 흐뭇한
홀가분한, 편안한, 느긋한, 담담한, 친밀한, 친근한, 긴장이 풀리는, 차분한,
안심이 되는, 가벼운
평화로운, 누그러지는, 고요한, 여유로운, 진정되는, 잠잠해진, 평온한
흥미로운, 재미있는, 끌리는, 활기찬, 짜릿한, 신나는, 용기 나는, 기력이 넘치는,
기운이 나는, 당당한, 살아 있는, 생기가 도는, 원기가 왕성한
자신감 있는, 힘이 솟는, 흥분된, 두근거리는, 기대에 부푼, 들뜬, 희망에 찬

**<u>욕구가 충족되지 않았을 때</u>**

걱정되는, 까마득한, 암담한, 염려되는, 근심하는, 신경 쓰이는, 뒤숭숭한
무서운, 섬뜩한, 오싹한, 겁나는, 두려운, 진땀 나는, 주눅 든
불안한, 조바심 나는, 긴장한, 떨리는, 조마조마한, 초조한, 불편한, 거북한,
겸연쩍은, 곤혹스러운, 멋쩍은, 쑥스러운, 괴로운, 난처한, 답답한, 갑갑한,
서먹한, 어색한, 찜찜한
슬픈, 그리운, 목이 메는
서글픈, 서러운, 쓰라린, 울적한, 참담한, 한스러운, 비참한, 속상한
안타까운, 서운한, 김빠진, 애석한, 낙담한
섭섭한, 외로운, 고독한, 공허한, 허전한, 허탈한, 막막한, 쓸쓸한, 허한
우울한, 무기력한, 침울한
피곤한, 노곤한, 따분한, 맥 빠진, 귀찮은, 지겨운, 절망스러운, 실망스러운,
좌절한, 힘든
무료한, 지친, 심심한, 질린, 지루한
멍한, 혼란스러운, 놀란, 민망한, 당혹스런, 부끄러운
화나는, 약 오르는, 분한, 울화가 치미는, 억울한, 열 받는

## 자율성
자신의 꿈, 목표, 가치를 선택할 수 있는 자유
자신의 꿈, 목표, 가치를 이루기 위한 방법을 선택할 자유

## 신체적/생존
공기, 음식, 물, 주거, 휴식, 수면, 안전, 신체적 접촉(스킨십), 성적 표현, 따뜻함,
부드러움, 편안함, 돌봄을 받음, 보호받음, 애착 형성, 자유로운 움직임, 운동

## 사회적/정서적/상호의존
주는 것, 봉사, 친밀한 관계, 유대, 소통, 연결, 배려, 존중, 상호성, 공감, 이해,
수용, 지지, 협력, 도움, 감사, 인정, 승인, 사랑, 애정, 관심, 호감, 우정, 가까
움, 나눔, 소속감, 공동체, 안도, 위안, 신뢰, 확신, 예측 가능성, 정서적 안전,
자기 보호, 일관성, 안정성, 정직, 진실

## 놀이/재미
즐거움, 재미, 유머

## 삶의 의미
기여, 능력, 도전, 명료함, 발견, 보람, 의미, 인생 예찬(축하, 애도),
기념하기, 깨달음, 자극, 주관을 가짐(자신만의 견해나 사상), 중요성,
참여, 회복, 효능감, 희망

## 진실성
진실, 성실성, 존재감, 일치, 개성, 자기존중, 비전, 꿈

## 아름다움/평화
아름다움, 평탄함, 홀가분함, 여유, 평등, 조화, 질서, 평화, 영적 교감, 영성

## 자기구현
성취, 배움, 생산, 성장, 창조성, 치유, 숙달, 전문성, 목표, 가르침, 자각,
자기표현

# CNVC와 한국NVC센터

### CNVC(Center for Nonviolent Communication)

www.cnvc.org

CNVC는 모든 사람의 욕구가 존중되고 갈등이 평화로운 방법으로 해결되는 세상을 추구하는 것이 목적이다. 마셜 로젠버그Marshall Rosenberg가 1984년에 설립했으며, 미국 뉴멕시코주 앨버커키에 자리하고 있다. 현재 700여 명의 인증지도자가 세계 여러나라에서 활동한다.

### 한국NVC센터(NGO)

**사회공헌사업문의** nvccenter@krnvc.org 02-391-5585
**후원문의** nvc@krnvc.org 02-6085-5581

한국NVC센터는 모든 사람의 욕구가 존중되고 갈등이 평화로운 방법으로 해결되는 세상을 만들려는 꿈을 공유하고 있는 사람들이 힘을 모아 만든 비영리 단체이다. 한국NVC센터는 '비폭력대화' 교육과 트레이너 양성을 통해 우리 사회에 '비폭력대화'를 확산하고자 설립되었다. 한국NVC센터는 CNVC(Center for Nonviolent Communication)의 지역조직으로서 CNVC와 협력한다.

# 한국비폭력대화교육원

www.krnvcedu.com
**한국비폭력대화교육원** www.krnvcedu.com
**수강문의** 02-325-5586 nvc123@krnvcedu.com
**출강의뢰** 02-6085-5585 workshop@krnvcedu.com

**NVC 워크숍(한국어/영어):** NVC 1·2·3 정규 과정, NVC 소개, NVC 심화 과정, 지도자 과정, IIT(국제 심화 과정), 가족 캠프 등 워크숍을 정기적으로 제공하고 있다.
기업, 학교, 각종 기관 등 조직 안에 조화로운 관계를 만들기 위하여 요청과 필요에 맞춰 교육과정을 제공하고 강사를 파견하고 있다.

**NVC 중재:** 중립적인 위치에서 양쪽의 느낌과 욕구가 서로에게 전달될 수 있게 소통을 돕고 모두의 욕구가 충족될 수 있는 방법을 찾아가도록 함께한다.

**NVC 상담(개인/부부/집단):** 내담자의 느낌과 욕구에 공감하며, 더 행복하게 사는 데 도움이 되리라 믿어지는 행동이나 결정을 내담자가 찾아가도록 돕고 있다.

# 한국NVC출판사

www.krnvcbooks.com
books@krnvcbooks.com  02-3142-5586

비폭력대화(NVC)를 배우고 삶에서 적용하는 것을 돕기 위하여 교재, 교구 연구 개발, 제작 판매 및 번역, 출판 사업을 진행하고 있다.

# 주요 출간물

- **비폭력대화(Nonviolent Communication: A Language of Life)**
  ㅣ마셜 B. 로젠버그ㅣ캐서린 한 옮김
- **비폭력대화 워크북(Nonviolent Communication Companion Workbook)**ㅣ루시 루ㅣ한국NVC센터 옮김
- **삶을 풍요롭게 하는 교육(Life-Enriching Education)**
  ㅣ마셜 B. 로젠버그ㅣ캐서린 한 옮김
- **갈등의 세상에서 평화를 말하다**ㅣ마셜 B. 로젠버그ㅣ정진욱 옮김ㅣ캐서린 한 감수
- **[내가 쓰고 내가 읽는 비폭력대화] 감사노트1**ㅣ캐서린 한 지음
- **크리슈나무르티, 교육을 말하다**ㅣJ. 크리슈나무르티ㅣ캐서린 한 옮김
- **자칼 마을의 소년 시장**ㅣ리타 헤어조그, 캐시 스미스 글ㅣ페기 파팅턴 그림
  ㅣ캐서린 한 옮김
- **스마일키퍼스 1·2**ㅣ나다 이냐토비치 사비치ㅣ한국NVC센터
- **마셜 로젠버그 박사의 비폭력대화 입문 과정 DVD**
  ㅣ한글/영어 자막, 1세트 2 DVD
- **캣 바디, 캣 마인드**ㅣ마이클 W. 폭스ㅣ이다희 옮김
- **멋진 삶을 살게 해 주는 마법의 기린 주스**ㅣJP 알렌, 마시 윈터스
  ㅣ타마라 라포르테 그림ㅣ이종훈 옮김
- **기린과 자칼이 함께 춤출 때**ㅣ세레나 루스트ㅣ슈테판 슈투츠 그림ㅣ이영주 옮김
- **소시오크라시**ㅣ존 벅, 샤론 빌린스ㅣ이종훈 옮김
- **삶을 중재하기**ㅣ아이크 라사터, 존 키니언ㅣ한국NVC센터 옮김
- **부모와 자녀 사이**ㅣ수라 하트, 빅토리아 킨들 호드슨ㅣ정채현 옮김
- **분노 죄책감 수치심**ㅣ리브 라르손ㅣ이경아 옮김
- **오늘의 나를 안아 주세요**ㅣ이윤정 지음
- **치매가 인생의 끝은 아니니까**ㅣ패티 비엘락스미스ㅣ이민아 옮김
- **비폭력으로 살아가기**ㅣ에디 자카파ㅣ김하늘 옮김
- **느낌은 어떻게 삶의 힘이 되는가**ㅣ비비안 디트마ㅣ정채현 옮김
- **남자는 어떻게 불행해지는가**ㅣ매튜 폭스ㅣ김광국 옮김

**[NVC작은책 시리즈]**

- **자녀가 '싫어'라고 할 때** | 인발 카스탄 | 김숙현 옮김 | 캐서린 한 감수
- **비폭력대화와 영성** | 마셜 B. 로젠버그 | 캐서린 한 옮김
- **정말 배고파서 먹나요?** | 실비아 해스크비츠 | 민명기 옮김 | 캐서린 한 감수
- **우리병원 대화는 건강한가?** | 멜라니 시어스 | 이광자 옮김 | 캐서린 한 감수
- **분노의 놀라운 목적** | 마셜 B. 로젠버그 | 정진욱 옮김
- **비폭력대화와 사랑** | 마셜 B. 로젠버그 | 이경아 옮김
- **비폭력대화와 교육** | 마셜 B. 로젠버그 | 정진욱 옮김

## [교구]

- **기린/자칼 손인형 세트** 역할극을 하며 NVC를 연습하거나 가르치는 데 사용할 수 있다.
- **기린/자칼 귀 머리띠 세트** 역할극에서 공감으로 듣는 연습을 할 수 있다.
- **느낌 욕구 자석카드** 교실 등에서 자석칠판에 붙여 사용할 수 있다.

## 비폭력대화 공감카드게임 그로그(한글&영어)
### - 자기표현과 공감을 배우는 대화식 카드게임

2024년 3월 15일 초판 1쇄 발행


**펴낸이** 캐서린 한

**펴낸 곳** 한국NVC출판사

그로그 (GROK)는 CNVC 인증지도자인 진 모리슨 (Jean Morrison)과 크리스틴 킹(Christine King)이 만들었으며 , 한국에서 사용하기 위해 한국NVC출판사가 저작자의 동의를 얻어 다시 만들었습니다. 저작자의 영문 버전 GROK는 http://nvcproducts.com에서 구매할 수 있습니다 .

**등록** 2008년 4월 4일 제300-2012-216호
**주소** (03035) 서울 종로구 자하문로17길 12-9 (옥인동) 2층
**전화** 02)3142-5586 팩스 02)325-5587
**이메일** books@krnvcbooks.com
**웹사이트** www.krnvcbooks.com

ISBN 979-11-85121-35-2 (00180)